DU CHANT

PRINCIPES RAISONNÉS DE L'ART

SUIVIS D'UN APPENDICE

SUR LA PRONONCIATION

PAR J. MAURIN

PARIS
CHEZ AD. R. LAINÉ ET J. HAVARD
RUE JACOB, 56.

1861

DU CHANT

Paris. — Imprimerie de Ad. R. Lainé et J. Havard, rue Jacob, 56.

DU CHANT

PRINCIPES RAISONNÉS DE L'ART

SUIVIS D'UN APPENDICE

SUR LA PRONONCIATION

PAR J. MAURIN

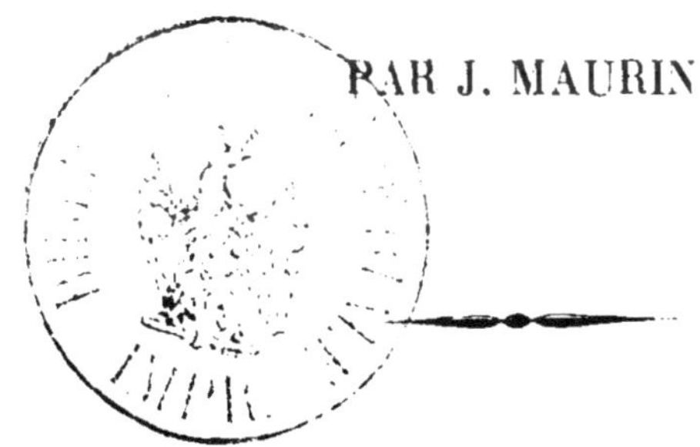

PARIS
CHEZ AD. R. LAINÉ ET J. HAVARD
RUE JACOB, 56

—

1861

A M. GROSSET

PROFESSEUR DE CHANT AU CONSERVATOIRE DE PARIS

HOMMAGE DE SON ANCIEN ÉLÈVE

J. MAURIN.

« Les fonctions d'un *maître à chan-*
« *ter* ont deux objets principaux; le
« premier, qui regarde la culture de la
« voix, est d'en tirer tout ce qu'elle
« peut donner en fait de chant, soit par
« l'étendue, soit par la justesse, soit
« par le timbre, soit par la légèreté,
« soit par l'art de renforcer et radou-
« cir les sons et d'apprendre à les mé-
« nager et modifier avec tout l'art pos-
« sible.

« Le second objet regarde la con-
« naissance de la langue, surtout des

« accents, de la quantité et de la meil-
« leure manière de prononcer, parce
« que les défauts de la prononciation
« sont beaucoup plus sensibles dans le
« chant que dans la parole, et qu'une
« vocale bien faite ne doit être qu'une
« manière plus énergique et plus agréa-
« ble de marquer la prosodie et les
« accents. »

(J.-J. Rousseau, *Dictionnaire de musique*, v° *Maître à chanter*.)

PRINCIPES FONDAMENTAUX

DE

L'ART DU CHANT

CHAPITRE PREMIER

Émission

Voix blanche. — Voix sombrée. — De quelques défauts naturels.

L'air que la volonté chasse avec force des poumons traverse le larynx et fait vibrer ses cordes vocales; ces vibrations retentissent sur les parois de la glotte, du pharynx, des cavités buccales, et produisent le son.

Le *larynx*, instrument vocal, est un

organe mobile qui s'élève avec la voix et s'abaisse avec elle.

Pour produire une note aiguë, l'organe monte et la tête se penche en arrière. Le larynx arrive ainsi par degrés au point le plus élevé de son ascension. Un demi-pouce à peu près sépare ce point extrême d'élévation de la position la plus basse que le larynx puisse prendre, et qui correspond aux notes les plus graves de la voix. Ce déplacement même constitue le changement de timbre, et nous servira à distinguer le *timbre sombre* du *timbre clair*, la *voix sombrée* de la *voix blanche*.

Dans le timbre sombre, le larynx prend une position moyenne qu'il ne quitte plus, quelle que soit la hauteur du son produit; si le larynx s'élève avec la voix, le timbre devient clair.

Écoutons, sur ce point, les physiologistes, MM. Petrequin et Diday :

« Rien n'est plus facile que de mettre

« hors de doute la réalité de ce fait ; avec « le moindre exercice, on pourra le cons- « tater soi-même. Après avoir acquis la fa- « culté de distinguer ces deux espèces de « voix (la claire et la sombrée), et d'émettre « à volonté l'une ou l'autre, il faudra d'a- « bord reconnaître la situation du cartilage « *thyroïde* (vulgairement appelé *pomme* « d'*Adam*), et se tenir prêt à suivre ses mou- « vements avec le doigt : si l'on chante alors « en voix claire, le cartilage montera à « mesure que le ton deviendra plus élevé ; « si, au contraire, la voix est sombrée, les « mêmes sons, les mêmes passages et l'é- « mission des notes les plus aiguës ne dé- « termineront aucun mouvement ascension- « nel du thyroïde, qui restera immobile « dans une situation moyenne entre l'élé- « vation et l'abaissement extrême.

« Au reste, sans être musicien, on peut « largement s'édifier à cet égard. Suivez. « sur nos théâtres, les chanteurs en renom,

« tout dans leur pose, leurs gestes et leur « habitude extérieure, vous décèlera, sans « qu'il soit même besoin du témoignage de « l'oreille, quel est le genre de voix dont ils « se servent; et cela doit être, car la mo- « bilité ou l'immobilité du larynx produi- « sent, dans l'attitude générale, des diffé- « rences qu'il est facile de reconnaître. « Ainsi, tandis que l'un renverse en arrière « la tête et le cou pour faciliter à l'appareil « vocal le degré d'ascension indispensable « dans la voix blanche, l'autre, par cela « même qu'il sombre, peut garder sa situa- « tion ordinaire, et conserver la liberté de « varier les poses suivant les exigences scé- « niques. »

Dans la production du timbre sombre, l'ouverture du larynx atteint sa plus grande dimension; aussi le son possède-t-il une puissante sonorité ; mais l'usage exclusif de ce genre de voix fatigue extrêmement le chanteur; et comme l'artiste trouve souvent dans son emploi le moyen de produire de grands effets, il devra habilement unir ce timbre au timbre clair, qui reposera l'organe et donnera de la variété à la couleur des sons.

Voici comment MM. Petrequin et Diday apprécient l'emploi du timbre sombre et portent sur lui un jugement que le docteur Segond va corroborer :

« Si les chanteurs trouvent souvent dans « le *sombrer* un utile auxiliaire, l'hygiène « nous apprend qu'il peut aussi produire « des effets désavantageux, soit sur la voix « elle-même, soit sur l'état fonctionnel de « l'artiste qui en fait usage.

« Les conditions d'où résulte le change- « ment des timbres s'accomplissent dans le « sombrer avec plus de force ; mais comme « la force n'augmente qu'aux dépens de l'a- « gilité, on peut, *à priori*, s'assurer que ces « deux qualités se sont toujours dévelop- « pées en raison inverse l'une de l'autre.

« En effet, tandis que les phrases les plus « rapides, les traits de vocalisation les plus « épineux, s'exécutent d'une voix blanche « avec une précision remarquable, le som- « brer réunit à plus de force une cer- « taine pesanteur qui ajoute à son caractère « majestueux, mais le prive, par compen- « sation, de cette souplesse si nécessaire « dans quelques passages. »

M. le docteur Segond, dans son *Traité sur l'hygiène*, conclut ainsi sur la matière :

« L'observation la plus grossière démontre « que la production du timbre sombre sol- « licite, de la part de l'organisme, un grand « déploiement de forces. Le larynx, tenu « immobile à la partie inférieure du cou, « lutte contre les forces qui tendent à l'éle- « ver pendant la production des notes ai- « guës de la voix de poitrine ; de plus la « disposition du tuyau vocal, en augmentant « le volume du son, nuit à son éclat, et ce

« n'est que par une poussée vigoureuse et « une grande dépense d'air, que les sons « émis de cette manière acquièrent toutes « leurs qualités. Il faut que les respirations « soient amples et fréquentes; aussi la fa- « tigue est-elle prompte, et les personnes « qui abusent de cette émission paraissent- « elles plutôt crier que chanter. Mais il « n'est pas douteux que, dans certains cas, « cette manière de timbrer la voix offre « au chanteur de très-grandes ressources; « l'important est d'en faire une sage appli- « cation. »

Nous ferons voir plus loin combien il est utile d'étudier la pose du son sur chacun de ces timbres.

Revenons à l'analyse du son, produit, comme nous l'avons dit au commencement, par l'air, que la volonté chasse des poumons, et qui met en vibration les cordes vocales.

Le son sera d'autant plus pur, plus puissant, qu'il rencontrera moins d'obstacles à sa sortie du larynx.

L'émission ou production d'un son consiste donc pour nous à faire sortir franchement le son de la poitrine, à le rendre indépendant de tous les obstacles qui peuvent le dénaturer, l'altérer, l'arrêter même, quand il a quitté la glotte, et voici ces obstacles. Le son sera de gorge si le chanteur relève la langue et la contracte ; si la voix, sortant de la poitrine, rencontre comme barrière la langue contractée par un mouvement nerveux, l'émission du son, qui, matériellement, doit se produire aux cordes vocales, change en cet endroit de couleur, de nature, et se transforme en cette émission grasse, désagréable, qu'on nomme de gorge à juste titre, parce que le son, qui devrait librement retentir dans la glotte et le pharynx, semble prendre naissance dans la gorge, à la base de la langue, qui dénature son timbre, le rend étranglé et nerveux.

Cette émission fatigue beaucoup le chanteur, qui, pour produire un très-petit effet, emploie souvent des forces considérables. Les sons ainsi produits n'ont aucune portée, ne sont ni pleins ni sonores, mais minces et pointus, ne s'entendent qu'à peu de distance; or, comme le but d'un chanteur (de théâtre surtout) est de remplir la salle dans laquelle il déploie sa voix, avec une émission de gorge ce but est rarement atteint. Un son qui retentit dans les fosses nasales, ou que l'on donne en serrant les dents, est tout aussi défectueux. Ces diverses et très-imparfaites manières d'émettre le son n'ont que le singulier privilége de permettre au chanteur de faire croire que c'est tantôt lui, tantôt un voisin qui chante.

Nous disons le mal, voici le remède.

Trois écueils sont à éviter :

La position suspendue et bombée que l'on fait prendre à la langue dans la bouche, et qui diminue de beaucoup le volume du son, parce qu'il vibre dans un espace moins étendu. La contraction de la langue, dans cette position, contracte, par rapprochement, les muscles du cou, rétrécit l'ouverture supérieure du larynx ou l'orifice de la glotte, et donne de la roideur à la note en lui enlevant son moelleux, son ampleur, en un mot son caractère naturel. La langue doit pour ainsi dire être morte dans la bouche et ne servir qu'à l'articulation des consonnes; il faut l'appuyer entièrement sur la partie inférieure de la bouche en la refoulant le plus possible et en la repliant un peu sur elle-même de bas en haut.

Ainsi placée, naturellement et sans contraction, elle permet au son de retentir sur toutes les parois de la bouche et de sortir plein et sonore, tel enfin que la vibration des cordes vocales l'a produit.

Pour arriver à ce résultat, il faut beaucoup s'observer, et si la langue est rebelle à prendre cette position, il faut, toutes les fois que l'on chante, la lui imposer, soit avec une cuiller, soit même avec le doigt, jusqu'à ce que, pendant le chant, elle arrive à se placer d'elle-même.

Le second écueil est comme une conséquence du premier. La mâchoire inférieure ne doit être pour rien dans la production du son. La plupart des chanteurs inexpérimentés roidissent avec force le menton, croyant donner plus de puissance à la voix : il n'en est rien pourtant, et le contraire a lieu. En roidissant la mâchoire inférieure, vous contractez les muscles du cou et rétrécissez l'ouverture du larynx ; de là, comme nous venons de le dire, un son plus rude, plus maigre, plus saccadé. Il faut s'habituer à se tenir le menton quand on émet un son, jusqu'à ce qu'on soit parvenu à le rendre aussi souple et aussi indépendant quand on chante que lorsqu'il est en état de repos.

La mâchoire inférieure rendue libre, les muscles du cou, par leur propre dilatation, dilateront ceux du larynx; la glotte tendra à se raccourcir, et son orifice prenant un plus grand diamètre, le son sera plus rond, aura plus d'ampleur et plus de portée.

Pour arriver à cette dilatation, étudiez un homme qui dort ou plutôt celui qui bâille, quand il renvoie l'air qu'il vient d'inspirer, vous remarquerez avec quelle libre aisance le menton revient à sa position naturelle..

Ainsi, 1° inertie docile de la mâchoire inférieure;

2° Position aplatie et un peu repliée de la langue dans la bouche. Ces deux qualités sont essentielles et forment la base de toute bonne émission.

3° Un dernier écueil est la trop grande fermeture de la bouche: le son ne se développera pas alors assez au dehors; si on serre les dents, il sera mince et affecté.

Il faut ouvrir la bouche, sinon d'une façon démesurée, ce qui serait disgracieux, au moins assez grandement pour que la voix puisse bien sortir, et un peu horizontalement : pour cela, écartez, au lieu de les rapprocher, les coins des lèvres.

Nous ne saurions trop insister sur ces détails, qui sont d'une extrême importance.

Observez donc, toutes les fois que vous étudiez, et sans jamais y manquer, ces trois choses :

Position de la langue, indépendance de la mâchoire inférieure, ouverture de la bouche.

CHAPITRE DEUXIÈME

Respiration

La *respiration* est l'acte par lequel les poumons aspirent l'air et le rejettent; de là deux mouvements : l'*inspiration* et l'*expiration*. Un chanteur qui respire bien tient le corps immobile et ne laisse voir aucun mouvement; on ne doit jamais hausser les épaules ou les porter en avant.

Gardez-vous surtout de respirer avec force, en introduisant l'air dans la poitrine avec une trop grande vitesse. Tout l'art du chanteur consiste à savoir ménager l'air qu'il a inspiré, et comme l'expiration est en raison directe de l'inspiration, l'on sera d'autant plus pressé de rejeter l'air qu'on l'aura introduit plus vite. Faites pénétrer l'air en le humant, pour ainsi dire, et par petites gorgées. Le repos des fins de phrases ou des membres de phrases musicales vous donne tout le temps nécessaire; et, s'il faut respirer plus souvent, prenez des demi-respirations, des quarts de respiration; avez-vous une tenue moins longue? humez une quantité d'air moins considérable. Sans respirer même et en s'arrêtant avant un mot, on peut ménager assez l'air qui reste pour terminer la phrase. Si l'on respire continuellement d'une façon complète, les poumons se fatiguent, et l'on arrive presque exténué à la fin d'un morceau.

On doit éviter encore ce défaut naturel qui consiste à perdre, avant d'émettre le son, une partie de l'air inspiré. Que la note parte avec le premier souffle ; mettez-vous dans la situation d'un homme qui va crier ou appeler : l'air s'accumule contre la glotte, vous retenez votre souffle, et ce n'est qu'au moment de l'articulation même de la note que l'air s'échappe.

Avant de commencer toute espèce d'exercices, on s'attachera essentiellement à *mettre la voix en dehors*, à la faire sortir ; nous appellerons, pour atteindre ce but, chacune de ses notes, et nous ne ferons entendre le son qu'après avoir accumulé contre la glotte, comme nous venons de l'indiquer, l'air destiné à le produire. L'appellation des notes qui forment la voix n'est autre chose que la *pose du son.* Voyez un violoniste attaquer avec l'archet une corde de son violon ; c'est ainsi, c'est-à-dire avec précision et netteté, que le chanteur doit attaquer la note.

Ce procédé sera mis en usage pour émettre toutes les bonnes notes de la voix, d'abord dans le timbre sombre, en second lieu dans le timbre clair, c'est-à-dire avec l'ascension du larynx pour les notes aiguës. Enfin, on s'appliquera à unir ces deux timbres, en posant la voix sur le timbre sombre et en passant, sur la même note, au timbre clair, avec la même expiration, de façon à rendre la transition d'un timbre à l'autre à peine sensible, nulle si l'on peut. Réciproquement, on assure la voix sur le timbre clair, pour l'amener, de la même manière, au timbre sombre.

Lorsqu'on remplit d'air la poitrine, il faut prendre garde de ne pas la resserrer, car l'air alors s'y accumule avec rapidité, et, pressé de sortir, fait donner des sons pénibles et criards qu'on ne peut pas diminuer, dont on n'est jamais maître, et qui se brisent au moment où on veut les continuer, en laissant voir au spectateur la fatigue de celui qui chante.

Nous le répétons, parce que c'est fort important, humez l'air tranquillement et sans secousse : c'est le seul moyen de s'en rendre maître. Quand on le rejette pour produire le son, il ne faut jamais le laisser s'échapper de lui-même ; que la volonté le retienne sans cesse et ne le dépense qu'avec une grande réserve : de cette façon, le son sera toujours solide, plein et brillant, ne chevrottera pas, c'est-à-dire ne fera pas entendre ce tremblement que la fatigue amène, et se laissera porter jusqu'aux dernières limites du *decrescendo*.

Nous compléterons ces généralités dans l'analyse des exercices que nous allons indiquer pour la pratique de notre théorie.

CHAPITRE TROISIÈME

Exercices

Tous les exercices que nous allons donner devront être faits sur la syllabe DAU, que l'on articulera avec énergie, afin que le son se produise juste au moment même de l'articulation. En articulant DAU, pensez à l'émission de l'*u;* il faut donner à DAU la même sonorité. Il faut aussi attaquer la note avec assurance, et cependant sans roideur.

Le premier exercice consiste à partir

3.

d'une note grave, l'*ut*, par exemple, et à monter à l'*ut* de l'octave supérieure en le liant au précédent par un *portamento* exagéré, qui fasse entendre, dans l'ascension, toutes les notes par lesquelles l'on passe. Pour y arriver, accrochez la note élevée avec force ; il faut arriver à lui donner la même couleur qu'à l'*ut* grave, et le même caractère sonore ; pour cela, allez le chercher profondément. Je m'explique : quand vous faites l'*ut* supérieur, songez à l'*ut* grave, et réciproquement : cette fiction sera d'un grand secours. L'exercice sera fait dans tous les tons que comporte la voix, jusqu'à la dernière bonne note qu'on pourra faire sonner. Il faut diminuer la note supérieure avec la même voix de poitrine et sans changer de timbre, ni tomber dans la voix de fausset. C'est cet exercice qui vous permettra de chanter dans cette demi-teinte si utile au chanteur, si élégante et si nécessaire dans toute espèce de morceaux. Mais qu'on prenne garde de ne jamais abandonner à lui-même l'air inspiré ; il faut, pour ainsi dire, avaler le son, et plus on l'adoucit, plus il faut le refouler dans la poitrine ; c'est un cerceau auquel vous imprimez, en le lançant, un mouvement en sens inverse : il part, s'arrête et revient sur lui-même.

Dans le second exercice, on attaquera avec vigueur une note élevée, un *fa*, par exemple, et l'on descendra au *fa* de l'octave au-dessous. On doit diminuer le plus possible le *fa* d'en haut et arriver au grave avec très-peu de force, assez cependant pour le faire entendre, en donnant toujours au son une couleur égale et du timbre. Plus vous adoucirez le son, plus il faut bâiller, ouvrir la bouche. Pour produire cet effet, les chanteurs inhabiles font ordinairement le contraire.

Si vous fermez la bouche, ce n'est plus l'air chassé librement de la poitrine par la volonté qui adoucit le son ; c'est la bouche elle-même, ce sont les dents serrées qui le diminuent par un moyen artificiel ; on dépense les mêmes forces que pour produire un gros son, et ce n'est que par l'obstacle que le son est rendu plus faible. Cette manière de diminuer la voix donne de la roideur à la note, et fait changer facilement de registre. Faites cet exercice en arrivant jusqu'à la dernière bonne note de la voix. Ce que nous disons ici doit s'appliquer à tous les exercices que nous indiquerons.

Les deux exercices précédents trouvent leur application dans ce troisième :

Do, mi, sol, do, mi, sol,
fa, ré, si, sol, fa, ré, do.

Montez jusqu'au deuxième *sol*, et commencez à descendre au premier *fa*. Prenez *piano*, enflez et arrivez aux dernières limites du *crescendo* en faisant entendre le *sol* le plus élevé. Liez parfaitement chaque note l'une à l'autre et diminuez progressivement à partir du *fa* supérieur ; surtout ne changez jamais de timbre ni de registre.

Nous avertissons ici le chanteur qu'il ne doit jamais forcer sa voix dans les notes élevées ; l'étude pourra lui en faire gagner, mais comme, dans le principe, le travail est embarrassé, incomplet, forcer sa voix dans les cordes aiguës, c'est s'exposer à la casser, ou à lui ôter au moins sa fraîcheur.

CHAPITRE QUATRIÈME

Etude des quintes

Cette étude consiste à monter une quinte et à la descendre dans tous les tons ;

Ut, ré, mi, fa, sol,
sol, fa, mi, ré, ut.

Pour bien faire cet exercice, il faut qu'une note qui succède à l'autre ne soit jamais ce qu'on nomme vulgairement *poussée ;* elle doit être liée à la précédente par la même expiration, et non par un martellement qui donne au trait de la rudesse. Nous voulons cependant que, tout en liant les notes, on les attaque avec netteté; il faut qu'elles se mettent à leur place comme si elles entraient dans une boîte qui leur est destinée ;

Que la sommité de la quinte sonne plus fort que les autres notes, et que le *decrescendo* s'opère en descendant. Il faut toujours aller en mesure et commencer l'étude lentement; ce n'est que par ces moyens qu'on arrivera plus tard à la faire vite et avec légèreté. Prenez garde de ne pas laisser tomber la voix en quittant la dominante, de façon à précipiter le mouvement en descendant. L'excès contraire serait préférable; retenez plutôt la voix, en dépensant le moins d'air possible; c'est alors qu'il faut pour ainsi dire *avaler le son.*

Que la quinte descendante ait la même

sonorité que la quinte ascendante; fortifiez les notes paresseuses et ayez soin, en changeant de tonalité, de donner à la nouvelle dominante une force égale, une sonorité pareille à celle des dominantes précédentes.

Cet exercice vous rendra facile celui de la gamme dont l'exécution parfaite est la base de toute bonne vocalisation. Si la quinte entière est trop difficile à exécuter en commençant, divisez l'exercice : étudiez d'abord la seconde, *ut-ré;* puis la tierce, *ut-ré-mi;* et ainsi de suite, en appliquant toujours les principes que nous venons d'indiquer pour l'étude des quintes.

Ces exercices préliminaires et fondamentaux suffisent souvent pour *déplacer* la voix, et la changer de voix de gorge en voix de poitrine.

Mais que l'on s'attache surtout à analyser la respiration; c'est un acte si important que nous ne craignons pas de donner des développements détaillés, au risque de nous répéter, plutôt que de ne pas être ou d'être imparfaitement compris.

C'est en inspirant l'air que le ventre doit s'enfler ; en expirant, en rejetant l'air, le ventre doit rentrer sur lui-même. Prenez pour modèle la respiration d'un homme endormi ; humez l'air lentement et par petites gorgées, en enflant le ventre et sans mouvement d'épaules ; accumulez-le contre l'épiglotte, et restez dans cette position le plus longtemps possible ; rejetez-le ensuite doucement, comme vous l'aviez introduit.

Ce travail doit se faire sans chanter ; il vous fatiguera dès le principe, mais, dès que vous le posséderez, il vous permettra, dans le courant d'un morceau, de subir sans fatigue les plus longues tenues, doublera la puissance de la voix et vous ébranlera bien moins que ces brusques respirations, faites sans méthode, que les chanteurs inexpérimentés appellent à leur secours pour augmenter le volume de l'organe.

C'est quand vous posséderez cette respiration que vous passerez à l'étude très-importante et très-difficile qui va suivre.

Aspirez l'air en enflant le ventre et chassez cet air des poumons, de façon que, passant sans les ébranler sur les cordes vocales, il sorte de la bouche sans produire de sonorité, et comme un gros soupir s'échappant du fond de la poitrine.

Faites cet exercice sur la syllabe VA : pensez une note, le *fa* par exemple, et montez ainsi jusqu'au fa supérieur pour revenir à celui d'où vous êtes parti ; que l'air chassé laisse deviner la série des notes que vous faites, sans jamais les faire sonner ; ainsi, dans cet exercice que vous ferez dans plusieurs tons, jusqu'aux notes les plus élevées, ne donnez jamais de la voix ; le travail serait inutile.

Les plus grands artistes se préparent à chanter avec cette étude, qui *descend* la voix, et ce sont ces gros soupirs qui deviendront plus tard des notes vibrantes et de vraies notes de poitrine.

Cet exercice doit être fait avec ménagement : cinq ou dix minutes par jour suffisent.

Il doit vous fatiguer dans le principe ; s'il n'y a pas de fatigue, c'est que vos soupirs ne sortent pas de la poitrine franchement, et ce travail ne produira plus les fruits qu'on en doit attendre.

Remarquez qu'en articulant le V de la syllabe VA, il ne faut pas laisser la bouche dans la position qui a servi à le prononcer ; dès que l'articulation est produite, laissez tomber la mâchoire inférieure sans roideur, pour que l'air sorte librement.

Je dois signaler ici le défaut de bien des chanteurs qui laissent toujours la bouche dans la même position demi-fermée : la bouche ne sert qu'à articuler les consonnes; elle doit s'ouvrir rapidement pour l'émission des voyelles ou des diphthongues. et la mâchoire inférieure doit sans cesse accomplir dans l'exécution d'un morceau un mouvement facile de va-et-vient.

CHAPITRE CINQUIÈME

Gamme

Voix mixte

Lorsque le chanteur sera parfaitement maître de sa respiration et des exercices indiqués, il étudiera la gamme complète, et appliquera dans ce travail tous les principes qui précèdent.

Un moyen facile d'arriver à une prompte exécution de la gamme, c'est de faire les notes qui la composent en les additionnant successivement. Je m'explique : partez de l'*ut* et faites entendre la seconde *ut-ré* ;

revenez à l'*ut* et montez jusqu'à la tierce *ut-ré-mi*; partez encore de la tonique et faites de même la quarte, la quinte, la sixte, la septième, enfin l'octave. Ne restez jamais sur la dernière note, mais quittez-la rapidement; qu'elle n'ait jamais une valeur plus grande que les notes qui la séparent de la tonique.

N'oubliez pas surtout qu'en descendant chaque note doit perdre une partie de la force qu'on a donnée à celle qui la précède; portez votre attention, en descendant la gamme, non pas sur la tonique supérieure, mais sur la sensible (le *si*, par exemple, dans le ton d'*ut*); c'est à elle qu'on doit, pour ainsi dire, suspendre la série des notes descendantes.

Ici, nous croyons devoir donner une explication sommaire du genre de voix qu'on appelle *mixte*, au sujet duquel se sont élevées tant de disputes.

La *voix mixte* ne nous paraît pas autre chose que la voix de poitrine adoucie par l'exercice.

Voulons-nous arriver à donner en voix mixte les notes élevées, appliquons-nous à l'étude que nous allons indiquer.

Commencez une gamme en voix de poitrine, et prenez la dernière note en voix de tête. Répétez cet exercice jusqu'à ce que le passage de la dernière note de poitrine à la note de tête ou de *fausset* soit tellement adouci, qu'on puisse presque confondre la dernière note de poitrine avec une note de tête; montez ainsi dans tous les tons, mais toujours sans fatigue, jusqu'à la note la plus élevée que vous pourrez donner. L'étude de cette succession progressive de notes sensibles, adoucies pour se changer en voix de fausset à la tonique supérieure, vous donnera en peu de temps de la douceur et de la souplesse.

Le larynx, comme tout instrument, a besoin d'être exercé et pour ainsi dire échauffé sans cesse ; si vous le travaillez, si vous le polissez, comme un instrument ordinaire, il se prêtera bien vite à tous vos désirs.

« Il faut, disait M. Alfred Blanche dans « une séance solennelle du Conservatoire, « qu'une gymnastique habile et progres- « sive rende la voix souple, légère et ma- « niable, et la remette au pouvoir du chan- « teur, comme l'instrument le meilleur « et le plus docile aux mains d'un instru- « mentiste. »

CHAPITRE SIXIÈME

Gamme chromatique

L'élève qui saura parfaitement faire la gamme ordinaire n'est pas loin de pouvoir faire la gamme chromatique; l'oreille y conduit naturellement. La gamme chromatique n'est difficile que par l'habitude que le chanteur a de la succession diatonique des notes de la gamme. Qu'il répète souvent, qu'il écoute avec soin la gamme chromatique sur le piano, et qu'il l'exécute ensuite comme un trait difficile.

Nous l'engageons à porter toute son attention sur la sixte, le *la*, par exemple, dans le ton d'*ut;* c'est le passage le plus délicat et devant servir de jalon à l'oreille pour monter ou descendre la gamme chromatique.

Habituez-vous à renfermer cette gamme dans une mesure à trois temps, avec quatre doubles croches pour chaque temps : vous arriverez à la tonique supérieure sur le premier temps de la deuxième mesure.

Quand vous saurez monter et descendre séparément cette gamme en mesure, essayez de la monter et de la descendre d'un seul trait, sans vous arrêter à la tonique supérieure : vous arriverez à la tonique grave sur le premier temps de la troisième mesure. — Rien n'est si utile que de faire ce travail en mesure : on arrive promptement à un bon résultat.

CHAPITRE SEPTIÈME

Sons filés

L'exercice du *son filé* est ce que les Italiens nomment *messa di voce*, *mise de voix*. C'est le seul par lequel on s'affermit, on s'arrondit la voix et l'on corrige ses vices naturels.

Il consiste à attaquer une note avec douceur, mais avec netteté, et en lui donnant du timbre dans le *piano;* on augmente graduellement sa force pour arriver, par un *decrescendo* insensible, au *pianissimo* d'où l'on est parti. Cet exercice ne doit pas s'exécuter comme on le marque ordinairement, c'est-à-dire par un *decrescendo* égal en durée au *crescendo;* il faut rapidement arriver aux dernières limites du *crescendo* et mettre beaucoup plus de temps à accomplir le *decrescendo*.

Ne remuez ni la langue ni la mâchoire inférieure; évitez, en finissant le son, toute saccade, toute secousse qui laisse voir que vous *expirez ;* le son doit s'éteindre de lui-même, sans qu'aucun mouvement du corps trahisse la fatigue. Vous appliquerez dans la production des sons filés les principes déjà indiqués pour donner à ces sons toutes les qualités désirables.

Le son filé doit durer, en moyenne, quinze secondes; on peut cependant le prolonger davantage.

Notre très-habile et très-regretté maître, Panseron, dit sur cette matière :

« Cette modification du faible au fort et « *vice versâ* ne se pratique pas seulement « sur une seule note ; on l'emploie aussi « avec avantage sur plusieurs notes, et sur « des passages entiers qui contiennent quel- « quefois un très-grand nombre de notes, « entre lesquelles on ne doit pas faire sen- « tir d'interruption. »

(AUG. PANSERON, *Méthode de vocalisation.*)

La mise de voix est l'exercice quotidien de tous les vrais chanteurs ; c'est ainsi qu'ils préparent toujours un point d'orgue, un trille, un trait quelconque. Nous invitons le chanteur à bien s'appliquer à cette étude, qui fait faire dans l'art du chant les plus grands progrès.

CHAPITRE HUITIÈME

Grupetto

Le *grupetto* est un ornement du chant composé de cinq notes.

La première, qui sert de base au *grupetto*, est la même que la troisième et la cinquième, sur laquelle on s'arrête; la seconde est un degré au-dessus de la note qui sert de base, et la quatrième un demi-ton au-dessous.

La note sur laquelle doit porter l'attention est la note supérieure; lorsqu'on fait entendre cette note, le *grupetto* doit être déjà pensé, roulé, pour ainsi dire, dans l'esprit.

Liez, avec la même expiration d'air, le plus de *grupetti* que vous pourrez, de six à huit, et cela dans tous les tons.

Travaillez d'abord à pleine voix; essayez ensuite d'opérer le *decrescendo*. Quand on sera arrivé à la parfaite exécution de ce trait, on joindra au *grupetto* une note supérieure ou inférieure par un *coulé* ou un *piqué*.

Nous donnons ici au chanteur un conseil qui, dans sa simplicité, est d'un grand secours pour l'exécution claire du *grupetto* et de toute espèce de trait : quand vous faites un *grupetto*, frappez avec la main sur quelque chose, le haut de la poitrine, par exemple, à chaque son que vous produisez.

Cette obligation d'accompagner chaque note d'un mouvement de la main ne vous permettra pas d'en passer ; c'est un moyen matériel d'arriver facilement à faire un trait avec netteté.

Pour *piquer* une note, on cesse de rejeter l'air inspiré, et l'on émet la note avec la même expiration de cet air un moment arrêté dans sa sortie. Au contraire, l'expiration ne sera pas interrompue pour la production d'une note *coulée*.

CHAPITRE NEUVIÈME

Trille

On ne doit commencer l'étude de cet ornement du chant qu'après s'être brisé la voix au *grupetto*, qui doit faciliter beaucoup l'exécution du trille.

Le *trille* consiste à faire entendre rapidement deux notes distinctes, séparées d'un ton ou d'un demi-ton, suivant le degré sur lequel on l'exécute.

Prenons une mesure à quatre temps; composons d'une noire pour chaque temps la première mesure, de deux croches pour chaque temps la seconde mesure, et respirons : quatre doubles croches formeront chaque temps de la troisième mesure, et huit triples croches chaque temps de la quatrième : c'est à cette mesure que l'on fait entendre le trille.

Il faut toujours porter son attention sur le battement de la note supérieure ; c'est à elle que doit être attachée l'autre.

Étudiez le trille en appliquant à l'émission des notes les principes déjà expliqués ; que les deux notes soient toujours entendues distinctement et liées sans un martellement saccadé. Il sera bon d'unir ensemble l'étude du trille et du *grupetto*. Travaillez toujours tous les tons jusqu'à la dernière bonne note de la voix.

On peut préparer le trille en cherchant à l'exécuter avec deux notes séparées entre elles de plus d'un degré, d'une tierce, d'une quarte par exemple ; le battement de deux notes séparées seulement d'un degré deviendra alors très-facile à faire.

Habituez-vous à triller toujours en mesure.

CHAPITRE DIXIÈME

Arpége

L'*Arpége* est un trait qui consiste à faire entendre successivement et rapidement une série de notes séparées entre elles par plus d'un degré.

Ce mot vient de *Arpa*, parce que c'est le jeu de la harpe qui a donné l'idée de ce trait.

Voici ce que dit Manuel Garcia sur la manière de faire l'arpége :

« Il faut, dans l'arpége, passer avec pré-« cision et fermeté d'un son à un autre, quel-« que distance qui les sépare, non pas en dé-« tachant les notes ni en les portant, mais « en les enchaînant avec spontanéité, comme « sur le piano ; pour cela il faut éteindre « chacun des sons au moment où on l'aban-« donne, et prendre avec une légère impul-« sion le son suivant ; d'ailleurs, la position « du gosier reste bien arrêtée, libre et na-« turelle, sans relâchement ni roideur. »

CHAPITRE ONZIÈME

Appoggiature

Ce mot vient du verbe italien *appoggiare*, qui veut dire *appuyer*.

Faire une *appoggiature*, c'est appuyer sur une note qui en précède une autre et dont un degré la sépare.

Souvent le compositeur ne l'écrit pas et laisse au chanteur le soin de la faire.

La note sur laquelle il faut appuyer peut

être au-dessus ou au-dessous de celle sur laquelle doit se résoudre l'appoggiature.

L'appoggiature est le plus souvent en dessus.

Ainsi, quand le chanteur rencontre, surtout sur un temps frappé, deux notes à l'unisson, il doit faire l'appoggiature en dessus sur la première de ces notes, c'est-à-dire qu'il faut appuyer sur cette note élevée d'un ton ou d'un demi-ton, suivant le degré de la gamme dans laquelle on se trouve.

Quand l'appoggiature est placée en dessous, et cela arrive rarement, elle ne doit être séparée de la seconde note que par un demi-ton.

La petite note sur laquelle il faut appuyer vaut ordinairement la moitié de la note qui l'accompagne : cette dernière est alors réduite d'autant, à moins que cette petite note ne soit barrée ou marquée double croche : dans ce cas, il faut la passer très-rapidement, que la voix l'effleure avec légèreté, pour tomber sans rudesse sur la note suivante. D'ailleurs le goût du chanteur peut augmenter ou diminuer la longueur de la note appoggiature.

Prenez bien garde en l'exécutant de conserver assez de souffle pour faire entendre la seconde note ou la dernière avec une sonorité suffisante et le même timbre, quoiqu'il soit nécessaire d'y arriver toujours avec douceur; et surtout, je le répète ici, qu'un mouvement pénible du corps en expirant ne trahisse jamais vos efforts.

CHAPITRE DOUZIÈME

Conclusion

Qu'il nous soit permis, en terminant l'exposé de ces principes, d'indiquer au chanteur la manière de travailler et la marche à suivre.

Nous lui recommandons d'abord de ne jamais passer à un exercice sans être arrivé à faire parfaitement celui qui précède.

Travaillez le matin, en sortant du lit, et

attaquez de suite franchement les notes extrêmes de votre voix; c'est au lever que la voix est reposée et mieux préparée aux exercices que vous allez commencer.

Quand vous faites des études fondamentales, très-dures dans le principe, dix minutes de travail suffisent, répétées deux ou trois fois par jour à de longs intervalles.

N'entreprenez l'étude d'un air que lorsque vous aurez acquis une bonne émission et que vous saurez faire la gamme ; en chantant un air sans méthode, vous fatiguez inutilement la voix, et vous retardez les résultats que vous devez attendre d'un travail bien dirigé.

Le chanteur doit observer une hygiène sévère : ne pas fumer, ne pas boire de liqueurs, éviter dans ses repas les mets trop épicés ou chargés d'acide ; mais surtout, dormez, reposez-vous tout le temps nécessaire ; les veilles prolongées sont pour un artiste les plus dangereux ennemis,

Nous allons citer quelques lignes dans lesquelles M. de Cahusac, au siècle dernier, déplorait le peu d'habileté des chanteurs de l'Opéra, et leur insuffisance, résultat de mauvaises études ou d'études incomplètes :

« L'Opéra, disait-il, est le lieu d'où la « médiocrité dans la manière de chanter de- « vrait être bannie, parce que c'est le lieu « où on ne devrait trouver que des modè- « les dans les différents genre de l'art. Tel « est le but de son établissement et le motif « de son érection en académie royale de « musique.

« Tous les sujets qui composent cette « académie devraient donc exceller dans le « chant, et nous ne devrions trouver en- « tre eux d'autres différences que celles que « la nature a pu répandre sur leurs divers « organes.

« Que l'art est cependant loin encore de « cette perfection ! Il n'y a à l'Opéra que « très-peu de sujets qui chantent d'une ma-

« nière parfaite ; tous les autres, par le dé-
« faut d'adresse, laissent dans leur manière
« de chanter une infinité de choses à dési-
« rer et à reprendre.

« Presque jamais les sons ne sont donnés
« ni avec la même justesse, ni avec l'aisance,
« ni avec les agréments dont ils sont suscep-
« tibles. On voit partout l'effort, et toutes
« les fois que l'effort se montre, l'agrément
« disparaît. »

Ne dirait-on pas, en vérité, que ces lignes sont écrites d'hier? ne pourrait-on pas appliquer ce qu'elles renferment aux chanteurs de notre temps?

Nous croyons fermement que ce qui rend le talent si rare aujourd'hui, c'est l'absence de toute méthode simple et claire, consacrée par l'expérience, et pouvant, par une heureuse progression d'études, conduire le chanteur jusqu'aux dernières limites de son art.

Les défauts que nous avons rencontrés

chez de laborieux et persévérants artistes n'ont pas peu contribué à nous suggérer les réflexions que l'on vient de lire. Nous les avons de notre mieux classées avec ordre et méthode, et nous offrons au public ce résultat d'un travail entrepris dans l'espérance qu'il pouvait être utile. Nous serons largement récompensé de ce travail, s'il détourne quelques personnes d'une mauvaise voie dans laquelle elles ont pu s'engager, pour les ramener dans la voie difficile de la raison et du goût.

APPENDICE

DE LA PRONONCIATION

APPENDICE

DE LA PRONONCIATION

I

De la prononciation en général

Après avoir analysé les principes du chant et ses principaux ornements, nous allons étudier sommairement la prononciation, étude aussi nécessaire à celui qui chante qu'à celui qui parle en public.

Élève de M. Morin, dont nous avons suivi les habiles leçons au Conservatoire, nous avons la mémoire encore pleine de ses enseignements, et dans ce chapitre nous aurons plus d'une fois recours à son excellent traité, auquel nous renvoyons ceux qui désireraient une plus ample connaissance de la matière (1).

L'étude de la prononciation comprend : la prononciation des consonnes, la prononciation des voyelles.

Il faut doubler dans le chant la force que l'on emploie, dans le langage ordinaire, à prononcer les consonnes.

Travaillez donc chaque consonne en la faisant suivre de l'*e* muet.

Ex. *Ce, pe, fe, le*, etc.

Cette voyelle, peu sonore par elle-même, vous obligera à porter toute votre attention sur l'articulation de la consonne, et, par

(1) Morin, *Traité de la prononciation.*

suite, à lui donner toute la force possible. On doit ouvrir rapidement la bouche pour que l'air, chassé avec force, imprime toute sa puissance à l'articulation. Il est tres-important, comme nous l'avons dit, d'ouvrir *vite* la bouche et d'arriver à laisser tomber avec facilité la mâchoire inférieure dès que l'articulation est produite. On fera fort bien de s'étudier devant une glace pour arriver à ce résultat. — Nous n'entrerons pas ici dans des détails que nous croyons superflus sur le mécanisme particulier de l'articulation de chaque consonne ; nous signalerons seulement les vices de prononciation qui résultent, chez certaines personnes, de l'articulation de quelques-unes, en donnant les moyens de corriger ces défauts.

II

Blaisement

Ce vice provient de ce que, dans la prononciation des lettre *s*, *c*, *j*, *ch*, on mouille ces lettres, en plaçant la langue entre les dents. C'est en étudiant les lettres *n*, *l*, *d*, *t*, que vous habituerez la langue à ne plus se mettre entre les dents, et à ne plus mouiller par conséquent les *s*. Serrez les dents le plus que vous pourrez en faisant ce travail et ne laissez aucun passage à l'air. Pour articuler *n*, *l*, *d*, *t*, la langue frappe le palais près des dents supérieures, et évite la position défectueuse qui constitue le blaisement.

III

Grasseyement

Pour que l'R soit bien prononcé, il faut que l'air chassé des poumons frappe l'extrémité de la langue et la mette en vibration; la langue accomplit ainsi contre les dents supérieures trois ou quatre vibrations qui font sonner l'R.

Dans le chant, pour produire l'articulation claire et nette de l'R, on fera bien de la faire précéder de l'*e* muet quand elle suit une consonne.

Ex. *Patrie,* prononcez *Paterie.*

Quelques personnes, au lieu de faire vibrer la pointe de la langue, font vibrer le milieu, qu'elles mettent en contact avec le palais, ou même éloignent plus profondément le siége de cette vibration et font entendre un R défectueux qui constitue le vice de prononciation appelé *grasseyement.*

L'extrémité de la langue, trop molle, trop paresseuse, ne peut pas produire ce mouvement de va-et-vient que doit lui imprimer l'air expiré, et qui constitue la vibration.

Comme dans le blaisement, il faut commencer ici par donner de la force aux consonnes qui doivent mettre en mouvement la pointe de la langue :

n, l, d, t, v, f.

Le mouvement que l'on peut accomplir qui se rapproche le plus de l'R est constitué par les syllabes *tede*, — *tedede*, — *tedede*.

Quand, par le travail, on arrivera à les prononcer distinctement, avec vigueur, et avec une rapidité telle qu'on croira n'entendre qu'une syllabe, on s'exercera à prononcer le mot *fedan*, — *fedan*, — *fedadan*, en appuyant avec force sur l'*f*, et jusqu'à ce qu'on arrive à ne faire, des deux ou trois syllabes, qu'une seule.

Ce travail sera répété tous les jours trois ou quatre fois; cinq ou dix minutes chaque jour suffisent. Vous arriverez en peu de temps à faire vibrer l'R, et la prononciation rapide de *tedede*, *fedadan*, fera bientôt entendre *tre*, *fran*.

Dans les mots où se trouve un R, remplacez-le par le *d* pour bien prendre la vibration, par exemple : *travail*, étudiez *tedadavail ; ordre*, étudiez *odedede; français*, *fedadançais*, ainsi de suite.

Si vous avez une articulation lente et molle, ne manquez pas, avant de chanter un morceau, de le lire à haute voix, en prononçant distinctement, avec emphase même, chaque syllabe, chaque consonne dont vous doublerez la force.

Placez dans la bouche, entre les dents et les joues, certains obstacles, de petites boules par exemple, qui vous obligeront à augmenter la force que déploient la mâchoire inférieure et la langue à l'état libre pour articuler.

Si les lèvres sont molles, travaillez énergiquement les consonnes *m*, *b*, *p*, *f*.

En lisant tous les jours à haute voix avec ce procédé, vous ne tarderez pas à acquérir une prononciation claire et vigoureuse, qualités toujours remarquables, indispensables au théâtre.

IV

Prononciation des voyelles

L'*e* se prononce de deux manières : fermé et ouvert.

L'*e* fermé doit se prononcer la bouche demi-fermée, tout en laissant un libre passage à l'air, les lèvres placées horizontalement.

La différence qui le sépare de l'*e* ouvert, c'est que, pour prononcer celui-ci, la bouche doit plutôt s'ouvrir verticalement, c'est-à-dire de bas en haut, qu'horizontalement, c'est-à-dire les coins de la bouche écartés.

L'*e* est fermé :

1° Quand il termine une syllabe et qu'il n'est pas suivi d'une consonne et d'un *e* muet ; ex. : *Emile*, *réponse*.

Dans *père*, *mère*, il est ouvert, parce qu'il est suivi d'une consonne et d'un *e* muet.

Est, verbe, est ouvert.

Et, conjonction, est fermé.

2° Dans tous les infinitifs des verbes de la première conjugaison : *aimer*, *parler*, *chanter*, et dans tous les substantifs terminés en *er* : *bijoutier*, *sorcier*, *pommier*, etc.

3° Dans les personnes des verbes terminées en *ai*, *ai* se prononce comme l'*e* fermé : *je rirai*, *je chanterai*.

(*Ais*, des personnes des verbes ainsi terminées, se prononce comme l'*e* ouvert ; *je rirais*, *je chanterais*.)

On donne par exception la prononciation de l'*e* fermé à *je sais*, *tu sais*, et à la troisième personne du verbe avoir : qu'il *ait*.

4° *Ez* se prononce comme *e* fermé à la fin

des personnes des verbes ainsi terminées : vous *aimez*, vous *aimerez*, vous *riez*, vous *chanterez*.

5° Enfin *e* est fermé dans tous les participes passés terminés en *é*, *ée*, *ées*, *és* : *aimé*, *chantée*, *chantées*, *aimés*, et dans les substantifs terminés en *ée* : *Pompée*, *Lycée*.

Dans la plupart de tous les cas, autres que ceux que nous venons de présenter, l'*e* est ouvert et se prononce avec la bouche grandement et moins horizontalement ouverte que pour l'*e* fermé.

Rappelons ici que, dans le chant, l'*e* muet à la fin des mots n'est pas du tout muet, et qu'il faut, pour le prononcer, avancer un peu les lèvres et ne pas craindre d'ouvrir la bouche.

L'*a* se prononce aigu ou grave.

Pour prononcer l'*a* aigu, il faut ouvrir médiocrement la bouche et chasser l'air contre les dents supérieures.

L'*a* grave se prononce avec une ouverture de la bouche un peu plus grande; l'air ne doit plus frapper les dents supérieures, mais le milieu du palais.

L'*a* est aigu :

1° Au commencement des mots, quoique précédé d'un *h;* excepté dans les mots *ah*, *âme*, *âne*, *âcre*, *âpre*, et quelques autres que l'usage indique.

2° Au milieu des mots il a presque toujours la prononciation aiguë, excepté dans les mots suivants dont M. Morin (du Conservatoire) a dressé la liste :

Hâbleur, *haillon*, *bâtard*, *bâton*, *chasse*, *châssis*, *château*, *gâteau*, *grâce*, *mâchoire*, *mâle*, *mannes*, *mâtin*, *pâques*, *pâté*, *pâtre*, *emplâtre*, *relâche*, *crâne*, *crabe*, *diable*, *fable*, *sable*, *câble*, *miracle*, *théâtre*, et tous les mots en *atre* et en *adre*, comme *cadre*.

Dans les adjectifs : *infâme*, *rare*, *hâtif*, *affable*.

Dans les verbes : *hâter*, *hâbler*, *bâiller*,

bâtir, blâmer, lasser, idolâtrer, délabrer, sabrer, encadrer, se fâcher, chasser, gâter, tâcher, relâcher, tâter, râler, râfler, racler, gâcher, gagner, mâcher.

Il est grave encore dans les mots en *ation, asion : nation, invasion.*

3° *A* est toujours aigu à la dernière syllabe des mots, excepté dans les mots en *at*, comme *climat*, et dans ceux en *as*, comme *trépas*, *Nicolas*.

Il est fort difficile d'émettre un son sur l'*i*, surtout dans les notes élevées ; ce son est ordinairement pointu, peu sonore et manque d'ampleur.

Pour faire vibrer l'*i* à l'égal des autres voyelles, il sera très-bon de le faire précéder de l'*u*, qui opère une transition facile pour la vibration pleine de l'*i*.

Ex. *O ma fille chérie !*
traduisez *O ma fuille chéruie !*

8

O ma patrie!
traduisez *O ma patruie!*

Remarquez que dans les notes aiguës l'*u* seul remplaçant l'*i* produit à l'oreille la sensation parfaite de cette voyelle.

L'*o* se prononce aigu ou grave.

Pour prononcer l'*o* aigu, l'air se jette contre les dents supérieures, et les coins de la bouche s'éloignent.

La prononciation de l'*o* aigu se rapproche beaucoup de celle de l'*a* aigu ; elle diffère de la prononciation de l'*o* grave en ce que, pour prononcer l'*o* grave, la bouche s'arrondit, les lèvres s'avancent et le son s'appuie davantage sur le palais.

L'*o* est aigu :

1° Au commencement des mots, même précédé d'une *h* : ex. *opération*, *orphelin*, *homme*.

(Il est grave dans le verbe *ôter*.)

2° Quand il termine une syllabe et qu'il n'est pas suivi d'un *s*.

Ainsi, dans le mot *proposition*, le premier *o* est aigu, parce qu'il termine la syllabe sans être suivi d'un *s*; le second *o* est grave. quoiqu'il termine une syllabe, parce qu'il est suivi d'un *s*.

3° Quand il forme la pénultième syllabe d'un mot terminé par un *e* muet : ex. *monopole*, *roche*; à part quelques mots composés seulement de deux syllabes, et que l'usage indique, comme *rôle*, *môle*, *côte*. etc.

A la fin des mots, *o* est toujours grave : *haro*.

Eau se prononce de même à la fin des mots : *coteau*, *rideau*.

4° *O* est aigu au milieu d'un monosyllabe : *tôt*, *sot*, *pot*, etc.

Il est grave dans les mots en *otion* : *devotion*. *émotion*.

Pour prononcer l'*u*. aplatissez les joues

sur les dents, allongez les lèvres et lancez l'air avec force à leur extrémité : *fureur*, *arbuste*.

Cette voyelle ne présente pas de sérieuses difficultés de prononciation Remarquez, dans l'étude qui précède sur l'*i*, les ressources qu'on peut tirer de l'*u* dans le chant.

FIN.

TABLE DES MATIÈRES

PRINCIPES DE L'ART DU CHANT

APPENDICE

DE LA PRONONCIATION

FIN DE LA TABLE DES MATIÈRES

www.ingramcontent.com/pod-product-compliance
Ingram Content Group UK Ltd.
Pitfield, Milton Keynes, MK11 3LW, UK
UKHW020339180726
13839UKWH00002B/793

9 782329 595894